AF283732

PILAR GARCÍA ANDIANO

VIDA DE PEREGRINO

ExLibric

ANTEQUERA 2025

VIDA DE PEREGRINO

© Pilar García Andiano

© de las imágenes de cubierta e interior: Antonio Gamaza

Diseño de portada: Dpto. de Diseño Gráfico Exlibric

Iª edición

© ExLibric, 2025.

Editado por: ExLibric

c/ Cueva de Viera, 2, Local 3

Centro Negocios CADI

29200 Antequera (Málaga)

Teléfono: 952 70 60 04

Fax: 952 84 55 03

Correo electrónico: exlibric@exlibric.com

Internet: www.exlibric.com

ISBN: 979-13-87707-96-5

Depósito Legal: MA 1044-2025

Impresión: PODiPrint

Impreso en Andalucía – España

Nota de la editorial: ExLibric pertenece a Innovación y Cualificación S. L.

Buscando mis amores
iré por esos montes y riberas.
Ni cogeré las flores ni temeré las fieras
y pasaré los fuertes y fronteras…
SAN JUAN DE LA CRUZ

Prólogo

El mar: inspiración, belleza, emociones contrapuestas… Siempre el mar y Pilar, percibiendo más allá de la inmensidad de sus aguas.

Un prólogo a algo tan bellamente expresado a través de la palabra o la pintura ciertamente es un reto. Pero el manejo simbólico de la luz, del estado del mar o de la cercanía o no de la tierra firme permite evocar lo que una vida de peregrino significa.

Al comenzar, amanece. El acantilado, el mar agitado y nosotros encogidos, a pesar de la luz que nos envuelve desde fuera. Miedo, vértigo, incertidumbre dentro de nuestra burbuja protectora. Nos vemos como las olas o las gotas de agua. Nos pensamos separados de ese mar bravo, de la totalidad, de lo único que Es.

Pero vamos avanzando en este recorrer de la Vida y, como el día, la luz va cambiando. Percibimos diferente ganando en sabiduría y vamos fundiéndonos con ese mar inmenso. Al principio, aún nuestra mente nos condiciona y solo cedemos débilmente probando con solo un poco de nosotros. Luego, lentamente en el silencio, vamos dejándonos llevar, flotando tranquilos en el mar calmo, hasta llegar a fundirnos con él. Ya no hay separación, no hay burbuja, no hay gota ni ola separada.

Vamos perdiendo la visión de la tierra firme y del acantilado y, aun con el miedo, las ataduras o los condicionantes, buscamos referencias fuera, a lo lejos, en la costa o en la playa para, finalmente, ir soltando hasta no necesitar nada. Nos damos cuenta de que todo es más sencillo, que la Vida simplemente Es y que yo soy esa Vida. Me he sumergido en lo que soy.

Y si al principio necesitábamos esa falsa luz «en el amanecer» que buscamos fuera, llegados al ocaso, a la vejez, a la oscuridad de la noche, ya nada nos causa miedo o debilidad. Da igual lo de fuera, porque no hay fuera. Solo hay mar con nosotros sumergidos en lo que Es.

Así es esta *Vida de peregrino* que con gran genialidad Pilar nos invita a recorrer a través de sus poemas. Agradecida siempre de que los haya compartido.

La inspiración y la sensibilidad de un artista que provienen de su alma nos abren como una rendija en la nuestra al entrar en contacto con su obra, nos toca de alma a alma.

Tengo la seguridad y espero que, como a mí, estos poemas os evoquen lo que ella percibe más allá de la inmensidad del mar, de esta *Vida de peregrino* que todos venimos a recorrer.

Beatriz Silva Moreira

Peregrino

Paso de puntillas por este instante.
Camino de belleza que se desvanece si lo pienso.
Paso y me detengo.
Quisiera poner aquí la tienda de campaña
y hacerme sedentaria del momento eterno.
Mas mi herencia es nómada y no permite
que mis pies cansados se detengan.
Vuelven los pensamientos a mi mente,
ya no lucho.
Comprendo que este es el proceso,
acepto, me sonrío
y sigo caminando por mi vida
de peregrino.

I

Lágrimas caen,
sobre un muro de piedra
chocan las olas.

MIEDO

Tenía miedo
de este mundo
y de sus gentes.
Tenía miedo
de la vida
y a veces pensaba en la muerte.
Tenía miedo de mis pensamientos
y también del sentimiento.
Tenía miedo de expresarme y de sentirme,
mucho miedo de vivirme.
Tenía miedo de mi miedo…
Y así, encogida y triste,
miraba hacia el horizonte
rodeada de belleza,
mas sin verla.
Miraba el mar.
Asustada y sola.
Metida en una burbuja.

PASA LA VIDA[1]

Volvió el rostro de mis pequeños
a mi recuerdo y pensé:
«Quemamos la vida
como un cigarrillo,
muchas veces sin siquiera
aspirar el aire.
¡Pasa la vida tan deprisa!».
Y desperté del todo.
El gato al oírme maulló,
un llanto de bebé
en el fondo de mi casa.
Le abrí la puerta y se frotó contra mí.
Instante de amor y magia.
Solo la noche es larga.
Miro la oscuridad del mar sin luna,
y escribo.

---

[1]   Del poemario *Latidos al viento*.

AYER ME PREGUNTABAS POR LA PENA

A veces hay que vivir un tiempo
con la tristeza
de una pérdida.
No solo los muertos
tienen su duelo;
también los vivos
causan ausencias.

Vivir con una pena
que se te pega a los huesos
y no te suelta.
Dejarla estar.
Dejarla que te acompañe
tiñendo los días de lluvia,
aunque haga sol,
prolongando el invierno
hasta el otoño,
haciendo largas, muy largas,
todas las noches.

Dejarla que se pasee por tu casa
y vista tus ropas.
Dejarla salir contigo
a hacer tus cosas.
Dejarla…

Dejarla hasta que un día
ya no la encuentras.
Ni en tu casa.
Ni en tus huesos.
Ni en tus ropas.
¡Ni siquiera en el espejo!

No luché contra ella.
La comprendí.
Sentí ternura.
Creo que durante ese tiempo
no me dejó sola,
fue mi compañera.
Me había acostumbrado a ella,
pero se fue poco a poco, silenciosa.

No supe cuándo empecé
a sentirme más ligera,
menos cansada, más libre.
No supe cuándo la sonrisa
recuperó mi cara,
ni mi vida su fuerza,
ni mis pasos su danza.
No lo recuerdo.

Sé que me sentí agradecida,
incluso por su paso por mi vida.
Sí, dulcemente agradecida.
Ahora sé que no fue en balde.
Ella fue lavando mi corazón,
hasta que quedó limpio y libre.

Fue entonces, solo entonces,
cuando se marchó.
Pero durante todo ese tiempo
fue mi humilde compañera.

VUELVE EL PASADO

Me olvido de mí,
de mi centro
y me aíslo.
Me aíslo de todos y de mí;
vuelvo a sentirme sola.
Ando perdida por un pantano
que puede tragarme
a cualquier paso.
Está nublado.

Me paro.
Respiro.
Recuerdo que he sido mi mejor compañía,
varias veces lo repito.

Me visto, salgo a la calle,
compro un helado de yema tostada
y me siento a chuparlo en un banco frente al río.
Escucho a los patos, gorriones,
las tórtolas y las torcaces…
¡Sonora y precoz primavera!

Los patitos pican entre la hierba tras su madre.
Se esconden los amantes,
gritan los niños,
corren los deportistas
y un par de ancianos camina.
Tarde nublada.
Una brisa fresca agita
las ramas altas de los chopos.
Distintos verdes se cuelan por mi retina
y me devuelven a la vida.

Pasada la hora mágica,
la tarde languidece en sonidos y colores.
Ya se han ido las familias y los patos.
Va cayendo el silencio con la noche
y los verdes se hacen grises.
Ya no lloran los ojos ni resbalan
lágrimas tibias por mis mejillas,
que si no las seco, se vuelven frías.
Terminó esta tarde de primavera,
vuelvo a mi casa.
Mañana será otro día.

MONTAÑA RUSA DE SENTIMIENTOS

Paso:
De sentir la belleza
que me envuelve y que me llena,
que apacigua el corazón
y lo sosiega.
De quedarme en ese instante inmenso
del momento.
De sentir mi cuerpo al respirar.
De acariciar mi piel el aire al caminar,
la luz al despertar,
los tonos del ocaso que dan paz.
De escuchar una canción
que me inflama el corazón.
De mirar al horizonte
con pasión…

A sentirme expulsada del momento.
A no encontrar ilusión.
A no entender qué hago aquí.
A pensar
que el sentido de mi vida es falso.

A pensar
que puede que esté loca,
A pensar, pensar, pensar...

Y vuelve a costarme respirar.
Y siento vértigo.
Y siento culpa y miedo.
Y siento otra vez lejos
al árbol y a la flor,
antes amigos,
al grillo, al ruiseñor, al gato,
a la ardilla, al conejo y al castor.
Y siento lejos a mis hijos.
Y no siento el Amor.

«El camino en solitario es duro».

Pienso:
«Y si nada es verdad...,
¿adónde me aferro?
¿Y si lo único que es verdad
ya no lo encuentro?».

SONRÍO

Leo lo que escribí ayer
y me sonrío.
Sonrío a esta Pilar que me acompaña
en este extraño viaje de la vida.
Sonrío con ternura
al ver sus dudas y quebrantos,
que son los míos.
Sonrío cuando salta cual gorrión
y canta con el ruiseñor.
Sonrío, al verla tumbada sobre el mar
tan feliz, tan relajada.
Al verla mirar con arrobo
los árboles, las estrellas,
los niños, los animales, las flores…
Sonrío aun cuando duda, se desespera y llora.
Cuando vuelve otra vez a la carga
y se levanta y lucha y sigue,
respira y calla.
Sonrío.
Sí, sonrío con dulzura,
pues la amo,
así, como es,
directa, tierna y fuerte,
impetuosa, inestable y cándida…
Tierra, Fuego, Aire y Agua.

A CIEGAS

Yo no elegí el camino,
que me fue dado.
Una fuerza por dentro
guía mis pasos.
Una fuerza incesante
que no conozco,
pero es mucho más yo
que todo lo que parece claro.
Camino a ciegas por una senda
que se dibuja bajo mis pasos.
La venda que han puesto
sobre mis ojos,
que creí maldición,
es un regalo.
Un regalo del cielo para no ver
el abismo absoluto
que voy cruzando.
Y así, a oscuras,
el vértigo voy superando.

Ya no puedo parar
ni dar la vuelta,
esta senda se borra
tras mis pasos,
y me muestra el vacío
del que ahora salgo.

LA VOZ DEL CORAZÓN

Nunca sabrán
ni los hijos ni los gatos
lo que hacemos por ellos
y lo que no hacemos.
Nunca sabrán.

Nunca sabrán
el don sagrado que tienen
de esponjarnos el corazón.
No, no lo sabrán.

No sabrán
de nuestras penas ni alegrías,
de nuestro miedo y sinrazón,
nuestros desvelos y risas
ni el trabajo del Amor.
No, no lo sabrán.

Nunca sabrán,
porque es otro su momento,
es otra su vocación.
Porque bajo el cielo hay
para cada tiempo su don,
para cada día sus risas,
para cada aliento…
su instante eterno,
su voz.

Sol invicto

Cuando piensas que todo está perdido
y la luz no alcanzas a ver.
Cuando la oscuridad lo abarca todo
y no consigues comprender.
Cuando crees que no te queda ya esperanza,
y sientes tus fuerzas perder…

No tires la toalla, compañero,
y nunca pierdas la fe.
Recuerda cómo, después de la noche,
la luz vuelve a aparecer,
tras la aurora sonrosada
el día vuelve a nacer;
y tras un invierno duro,
una nueva primavera siempre vemos florecer.

Ten paciencia y espera,
el sol ya venció a la noche
y, como fiero guerrero con corona de laurel,
vuelve invicto de la guerra
e ilumina por doquier.

A todos llega su luz
sin esperar nada a cambio,
sin importarle la piel,
ni el sexo, ni la raza…
ni de qué condición es.
Pues es el brillo su esencia
sin importar hacia quién;
e iluminar es la acción
que él hace, hasta sin querer.
Y esa es su gran victoria,
pues es eso lo que **Es.**

Bajo el cielo

Todo cambia bajo el cielo,
pero hay algo…

A veces una nube ocupa
todo nuestro ángulo de visión,
lo distorsiona.
Pero ahora ya sabemos que las nubes
pasan y se disuelven
por la brisa.
El sol brillará en el otro lado
bajo el cielo azul de siempre
con tu risa.
¡Sopla, sopla fuerte,
que solo es una nube
y no está fija!

Recuerda: «Todo pasa».

Encuentra el anclaje que te sujeta
y en tu centro se esconde;
lo puedes vislumbrar.
Él siempre espera
paciente tu elección.

Recuerda que todo es un paisaje,
una acuarela
que pinta de colores tus pinceles;
que tú eres el pintor que los elige,
que mezclas ilusiones
con instantes vividos y sorpresas,
pintor con tu paleta.

Todo cambia bajo el cielo,
pero hay algo,
algo que a todos nos sustenta,
nos habita
y nos da fuerza.

CONSCIENCIA

Me dijeron:
«El dolor es vehículo de consciencia».
Y me quedé pensando:
«Sí, pero…».

El dolor y la alegría serena,
las lágrimas y la sonrisa,
la soledad, la compañía…
Todo lo que nos da esta vida
es para que despertemos
a la realidad divina,
a la que subyace a todo,
la que a todos nos habita.
Sí, nos habita,
nos conforma
y es fuente de paz y dicha.

EL TESORO

Escondido en lo profundo
guardado por un dragón,
se haya el tesoro que es tuyo,
que te llama en tu interior.

Sumérgete en esas aguas
sin dudas y sin temor,
y el canto de las sirenas
no lo escuches, por favor.
Átate muy fuerte al mástil
contra el viento y el terror,
y pasarás bien las pruebas,
verás la luz del sol.

Labra la tierra que es tuya,
cultívala con amor,
riégala con ternura
con consciencia y con tesón,
y el árbol dará los frutos
que sacien tu corazón.

II

Flor de loto,
sobre el lodo te alzas
en la mañana.
Con tus pétalos malvas
cambias el horizonte.

Sintiendo la soledad[2]

Ha vuelto la burbuja a mi cabeza,
la bola de cristal en la que habito
y me cuestiono:
«¿Qué me asusta?».
Me siento lejos de todos.
Hoy me pesa
la soledad que ayer era mi amiga.
Hoy la duda se pasea por mi casa
como si fuera suya.
No entiendo nada,
¿eso importa?
Algo dentro de mí dice:
«CONFÍA».
Hay árboles que viven en un bosque,
otros guardan la fila en un paseo,
y algunos se amontonan junto al río.
Hay otros,
pocos,
que están solos.

---

[2] Del poemario *Gotas de sangre azul.*

«El mundo interior es donde se debe realizar
la revolución en primer lugar. Solo cuando podamos
sentir directamente la espiral de la vida dentro, el mundo
exterior entrará en alineación con el TAO».

EL BÚHO

Gira la cabeza 180° y ve:
una máscara que grita
y sus plumas son peinadas por el viento.
Abre el pico
y parece dejar salir lo de dentro.
Te mira desde lo profundo
de sus órbitas vacías,
te ves reflejado en un momento,
te sientes perdido en un sueño
y quieres salir corriendo,
mas tus pies
están clavados a ese suelo.
Tiene alas
y te invita a levantar el vuelo
¿Cómo desprenderme
de mi piel y de mis huesos?
¿Cómo entrar en la crisálida
y permanecer despierto?

FLOR DE LOTO

¡Cuánto tiempo perdido
en la nostalgia!
¡Cuántos años rotos
sin presente!
¿Cuán ciegos e hipnotizados
podemos estar por el dolor?
Y la vida sigue,
los besos, las sonrisas
y las puestas de sol, las olas,
las caricias
del aire sobre la piel,
¡dulce brisa!
Quítate esas gafas negras
y mira,
mira con otra mirada
libre ya de la mentira,
que reconoce lo bello
en medio de tanta insidia,
la que flota como el loto,
radiante, hermoso,
sobre aguas turbias
de un sueño de engaños,
de una oscura pesadilla.

MIS CABALLOS

Al cuerpo:
cuidarlo, escucharlo
y seguir adelante.

A la energía:
renovarla, contemplarla
y seguir adelante.

A los sentimientos:
Sentirlos, acunarlos,
y seguir adelante.

A la mente o la razón:
darle gracias, acallarla
y seguir adelante.

Cabalgar la intuición
al galope de tinta azul,
y seguir adelante.

Y volar en Pegaso
con las alas extendidas
sobre el aire
que nos guía.
Y caer y levantarse,
y soñar y acurrucarse
Y…
SEGUIR ADELANTE.

DE VUELTA AL CUERPO

¡Llevaba tanto tiempo fuera!
¿Cómo es posible?
Yo misma me pregunto,
pues me parece extraño.
Pero, de verdad, he vuelto
a reencontrarme con mi cuerpo.
He vuelto amablemente
a habitarme y he sentido:
amor, sin pretenderlo,
amor y gratitud por él,
que me ha esperado,
que ha aguantado mis malos tratos,
indiferencia, olvido, excesos…
y me ha gritado.
Sí, gritó para que, al fin,
pueda escucharlo.

Pensé que era accesorio,
un cuerpo extraño;
no reparaba en él,
tal vez quería dejarlo.

Pero hoy siento mi piel
que me acaricia,
suave me envuelve
y me da espacio.
Lo empiezo a sentir fuerte,
tierno y elástico.
Siento que me sostiene, me da fuerza,
y sé que es desde él
que daré el salto.

Voy a atenderlo, voy a cuidarlo,
y aunque sentir me da miedo,
he decidido:
¡Voy a escucharlo!

En el cuerpo

Me asomé al cuerpo el otro día,
y como a un niño
decidí cuidarlo.
Cuidarlo y escucharlo,
que es muy sabio.
En la carrera de la vida
es uno de mis cuatro caballos;
es fuerte, suave, es elástico,
pero es el más pesado y compacto.
Pensé: «Tengo que domesticarlo».
Y escuché: «O quizás él a ti,
y acostumbrarte a seguir su paso».

Respiro en él y me reencuentro
cuando me pierdo en la mente,
el mundo y sus locuras,
me trae al presente,
me sosiega…
y puedo nuevamente
contemplar la belleza,
que es mi casa.

Al trote suave por la vida,
quiere que lo lleve y me acompaña.
También me habla,
hoy me dijo:
«MÁS DESPACIO,
DISFRUTA DEL PAISAJE.
No vamos lejos».

Tal vez es el camino,
de eso es de lo que se trata.
Tal vez…
con eso basta.

A TRAVÉS

A través de los barrotes de la cárcel,
al otro lado, veo la vida.
A través de los barrotes de la carne
siento el espíritu que me llama.

Me acerco a ellos
y miro por el resquicio.
Veo los árboles de otoño
reflejados en el río,
y las nubes y el sol y los patos,
los juncos, el cielo…
Mi retina se llena de luz y de vida,
la belleza me acaricia.

Me acerco a mi cuerpo,
cierro los ojos,
respiro…
y siento la paz del silencio,
sonrío…
y pasan las nubes de mis pensamientos.
Respiro…
y vuelvo al vacío de terciopelo.
Floto, me pierdo,
y es entonces…
tal vez cuando me encuentro.

Voluntad

Hay que arrancar las malas hierbas.
La ira, la gula, la pereza…
Hay que levantarse y conquistar,
conquistar los terrenos que tenemos,
luego explorar los demás.
Hay que arrancar las malas hierbas,
y no lo quiero olvidar;
tengo que empezar hoy,
pues mañana nunca será.
Hay que arrancar las malas hierbas
y atreverse a pensar,
a pensar por uno mismo
sin miedo de equivocarse,
para crecer y crear.
Hay que arrancar las malas hierbas,
y el árbol hay que podar,
enfocar bien la mirada
y no dejar de regar.
Hay que tomar fuerte las riendas,
sabiendo que hay algo dentro,
lo único que nos puede guiar.
Hay que arrancar
las malas hierbas,
solo así el jardín florecerá.

JUNTOS POR EL CAMINO

Muchas veces volvemos al camino
como el pájaro herido
vuelve al nido:
con el ala rota o el corazón partido,
cojeando de una pata
o de soledad mordidos.
Casi nadie vuelve sano
cuando se pierde de si mismo.
Unos vienen cabizbajos,
otros sordos, otros mancos,
alguno mudo y cojeando…
Todos vamos heridos.
No importa cuál es la herida
ni el pronóstico obtenido;
lo que de verdad importa es:
encontrarnos en el camino
y volver juntos a ver la belleza del equipo,
y recorrer el sendero,
y degustar lo que miro,
y pararse a contemplar
la flor, el árbol y el trigo.
Volver a disfrutar
de un corazón agradecido,
saltar, jugar, reír
y gozar como los niños.

Dejarse llevar

Pasamos de ser hojas de otoño
movidas de un lado a otro
por cualquier viento,
aplastadas por cualquier pie,
ahogadas por cualquier agua.
Y un día decidimos ser barca,
con velas, con timón,
con rumbo en la mirada.
Pero llegan tormentas que te rompen las alas,
que quiebran el timón y te arrastran.
Luchando y dando tumbos.
Cogiendo las riendas y soltándolas.
Ahora comprendes a la hoja y a la barca,
las miras con ternura,
las acoges con el alma,
y te dejas llevar de algo
que no es viento, pies, ni agua;
que no es hoja ni barca,
que lo es todo y no es nada,
que no puedes explicar
porque no tiene palabras.
Está dentro de ti, está en todo y no cambia;
es tu razón de ser y sabes
que nunca se marcha.

No Juicios

Atrévete a mirar
desde la mirada del otro,
y aceptar con humildad
que cada uno tiene su momento y su verdad.

Brotará brillante del alma tu luz
y acariciará una mirada nueva.
Serás como un árbol sabio
de la raíz a las ramas,
pero, ahora,
ya con alas.

ALIENTO Y VIDA

En el momento de la comprensión,
se me desvela por un instante
la mentira
y cae.
Vislumbro la verdad.
Pero una y otra vez vuelvo a la confusión,
me instalo una vez más en la ilusión
siempre cambiante de las cosas.
Desaparece la caricia suave
de la brisa
que acariciaba mi piel,
y hacía brotar mi sonrisa.
Vuelve a quemarme
el calor de los focos que, inmisericordes,
alumbran el escenario que transito.

Desaparecen mis alas
y vuelvo al asfalto caliente
que me asfixia,
y olvido la canción del aire
al entrar y salir de mis pulmones,
olvido el instante,
el único instante eterno del ahora,
el instante eterno
que me habita.

¿ES POSIBLE LA PAZ?

Sendero abrupto
de este suelo sin camino,
de este suelo pedregoso y duro
que a veces te regala una caricia.
Caricias en el aire
al envolver tu piel en un susurro,
al calentar tu vista en una tarde,
al murmurarte bellas melodías…
Caricias de un amigo, una sonrisa,
caricias de una madre y de una nube
que pasa suavemente por el cielo,
con forma de una rosa,
de un tigre o un guerrero,
tal vez…
de una paloma.

El peso de la maleta

¿Para qué tener maleta
si en el viaje de la vida
nada me puedo llevar?

¿Para qué acumular riquezas
si la que a todos nos espera
no nos las deja portar?

¿Para qué telas y trapos
si no se viste el espíritu,
que es lo que me da la paz?

¿Para qué tantos afanes,
rivalidades y luchas
si todo es Uno al final?

¿En qué estábamos pensando
con viajar y acumular,
con vestir y aparentar,
con comprar y con luchar?

Si la vida y la muerte solo son
comienzo y fin de la actuación.
El miedo, el deseo, el dolor,
protagonistas de esta serie
de ciencia ficción.

Propongo viajar a nuestro interior,
dejar la maleta en un rincón
y, en silencio,
sin peso, sin miedo,
sin maquillaje ni telón,
dejarnos sorprender
por lo que hay en el corazón.

Camino hacia el interior

Embiste el mar contra la tierra
en este invierno feroz
y ruge como un tigre recién salido de la jaula.
El aire brama y lo acompaña
compitiendo en el terror.
El cielo, casi negro al mediodía;
no se logra ni intuir el sol.
En mi burbuja de cristal contemplo
un paisaje inquietante,
bastante desolador.

Recuerdo aquellos días de sol resplandeciente
y mar tranquilizador,
de cantos de golondrinas,
de risas y de color.

Y me pregunto:
«¿Cómo en un mismo lugar
puedo observar dos realidades
tan opuestas,
y ver cómo se suceden
estación tras estación?».

Veo sobre el escenario
que hay un mismo patrón,
que todo se repite
y nos muestra una lección:
más allá del decorado
y de los juegos de rol,
existe algo inmutable
que llama a mi corazón.
Sí, me llama y me convoca
a mirar en mi interior,
a silenciar tanto ruido,
a tener otra visión,
para no seguirle el juego
a este mundo de ilusión.

Son mis sentimientos falsos
y falsa es mi razón,
falso lo que me han contado,
¡todo es falso al exterior!

Tras haberlo comprendido,
me quedo sin sujeción;
como en el aire me siento
sin sustento ni patrón.

¡Pero ando más ligera,
más firme me siento yo!
Busco el manual de vuelo
y solo encuentro una palabra,
una palabra y una oración:
«Confía.
Sigue hacia tu interior».

DE VAGABUNDO A PEREGRINO[3]

No es lo mismo
ir perdido dando tumbos,
sin brújula, sin estrellas,
sin senda ni destino,
que sabiendo, aún a oscuras,
cuál es el fin del camino,
dejándose guiar
por una llamada interna,
a veces susurro, a veces grito,
que está muy dentro de ti,
que es el maestro escondido.
No es lo mismo.

No es lo mismo
ir hoyando un sendero
que otros y en otros tiempos
fueron pisando primero,
que ir campo a través sin norte,
sin rumbo, sin propósito ni objetivo,
huérfano de destino.
No es lo mismo.

---

[3]   Cita de Pablo D'Ors.

Y aunque a veces esté oscuro
y no entiendas
y creas que estás perdido,
no es lo mismo.

Pues el camino te llama,
y la ribera del río,
y las noches estrelladas,
y los cantos de los grillos,
y la luna enamorada…
te van mostrando el camino.

EL CAMINO DE LA VIDA

Nadie sabe si corto
o largo será,
ni qué paisajes recorrerá,
ni siquiera, muchas veces,
sabes con quién lo andarás.

A veces se ve ancho recto y luminoso;
enseguida, se vuelve sinuoso,
empinado, oscuro, pedregoso.
Hay praderas con brotes de esmeraldas
y atraviesas riachuelos de vida y esperanza.
A veces sientes que no hay suelo
y el abismo te da vértigo.
Pero hay instantes en que te crecen las alas
y sobrevuelas altas ramas,
llanuras, valles y montañas.

A tramos,
pasa la luz del ocaso
entre las hojas de los árboles,
y dibuja sombras vivas en el suelo
que se mueven al ritmo del viento.
En otros tramos, ves el cielo.

Encuentras lirios a tu paso
y zarzas espinosas
hieren tus piernas y brazos.

Hay días de lluvia
que te empapa hasta los huesos;
otros, el viento te acaricia y te susurra al oído
historias antiguas de peregrinos.

Hay partes del camino
que puedes compartir
y cantos de gorriones,
noches de ruiseñores
y aromas de jazmín.

Hay otras, solitarias,
solo para ti,
con nubes y con claros,
y ves al colibrí.

Es único el camino,
está hecho para ti.
Y es solo uno el destino
que vamos a compartir.

EN EL SILENCIO INTERIOR

Me siento una barquita a la deriva,
a veces, asustada por las olas,
a veces, surcando el mar, atrevida,
pero siempre, sí, siempre a la deriva.
Lucho contra las olas
y muchas veces me canso;
otras, me dejo mecer y llevar
y disfruto de la luz al ocaso.
Me da miedo el océano sobre el que vivo;
sin embargo, es en él
en el que encuentro sentido.
¿Qué sería de una barca sin océano?
¿Cómo sería mi vida?
¡Siempre añorando sus olas
y en dique seco, sin ser movida,
acunada o sacudida!

Pequeña barca a la deriva,
hoy me produces ternura
y puedo mirar tu vida, que es la mía;
hoy, sin pretensiones ni juicios,
en silencio y sonriente…
respiro,
y el mar de la vida me acuna,
la brisa me acaricia
y la puesta de sol sobre las olas
me devuelve la sonrisa.

ESPEJISMOS DEL CAMINO

Cambio al escenario del pasado
y vuelven mis patrones,
aquellos de los que pensé que había huido.
Siento el desamor y vuelven
la decepción y la tristeza.
Lo veo fuera,
en el espejo que me refleja.

Entro en la abulia ante la vida
que me engaña, me envuelve, me paraliza.
Pero hoy sé cosas que antes no sabía.
Me paro a sentirme, a respirar,
a escuchar mi mente herrada,
a acoger mi corazón herido,
mi cuerpo exhausto…
Y veo que el pasado ya es vacío.

No me quedo ahí,
ya sé que todo eso es falso,
ya comprendí que es un reflejo,
un fuego fatuo.

Busco el silencio
que hay en mi pecho
y respiro.
Respiro
y encuentro la Luz que me muestra,
todo lo que antes he escrito;
y encuentro el Amor que me permite acogerlo,
acogerme con cariño, con respeto, con ternura;
y vuelve desde la Verdad,
la Paz y la Cordura.

P. D.: No se huye de nada.
O lo miras y lo aceptas,
o te atrapa.

III

Floto en el agua
en calma, brota en mi rostro
una sonrisa.

SUSURRA EL MAR

El mar me trae recuerdos
de otra vida,
un tiempo antiguo
antes de que yo naciera.
El mar me cuenta sus misterios
susurrando en mis oídos
palabras blancas de espuma.
Acaricia mi piel
y abraza mi cuerpo
por completo,
me sostiene tumbada,
me mece en sus olas
mientras el sol,
madura mis entrañas.

Recuerdo del silencio

Cuando mi vida se estaba acabando,
mi corazón me llevó al silencio
y sentí algo:
un pequeño soplo de aire fresco y nuevo,
una brisa suave
que acariciaba mi alma reseca,
un tímido rayo de luz
atravesó la oscuridad de un pozo negro.
Emergió la esperanza
y un deseo de seguir bebiendo
de esa agua fresca,
de esa caricia suave del silencio.

Pasaron años de entrar en él
y volver a mi vida.
Entrar en él,
como a una cueva acogedora,
como a una matriz callada
que me envolvía, me alimentaba,
que me sanaba y daba vida,
un refugio donde recuperar el aliento
y salir después a la vorágine de la vida.

Una y otra vez volvía,
para poder seguir después con mi vida.
No cambió el mundo que me rodeaba,
pero sí cambió, poco a poco, mi mirada;
y cambió mi corazón,
pues me sentía en casa,
¡al fin en casa!

No fue fácil, pero, por otra parte,
no me quedaba nada,
no había lugar al que volver,
la tierra estaba quemada.

Y así,
seguía por un sendero invisible
en el que no había pisadas,
entre vértigo y consuelo caminaba.
A veces una barca a la deriva
y otras…
de nuevo en casa.

EL SILENCIO

Lo tememos y nos apartamos.
Lo alejamos,
y así nos separamos de nosotros mismos.
Nos busca, nos llama, nos susurra.
Siempre está ahí.
No nos podemos deshacer de él.
Sin embargo,
cuando todo falla,
cuando todo cae por su peso,
es el único refugio,
es la fuente de sosiego y paz,
es ser consciente de mi respirar
y darme cuenta
de que no soy mi cuerpo
ni mis pensamientos,
ni siquiera mis sentimientos,
de que, solamente,
soy.
Pero… ¿sé de verdad lo que escondes?

DESDE EL SILENCIO I

Dejo que el aire me acaricie
en esta tarde de otoño,
mientras el agua cae sobre la piedra
y resbala.
Un gallo, a lo lejos,
repite y repite su canto.
Las nubes sobre las montañas lejanas
cambian de forma y pasan.
De nuevo, el gallo
y la fuente,
y la brisa,
y el sol que se cuela entre las hojas
e ilumina mi rostro,
juega con mi piel,
me acaricia.

Un caminante azul
y una gallina…
Sonríe el silencio y me mira.

Cierro los ojos, sonrío
y oigo las hojas secas
que el aire agita.

Desde el silencio
la vida baila,
sin tiempo,
sin prisa.

DESDE EL SILENCIO II

Mi cabeza,
siempre vuelve mi cabeza.
Mis pensamientos locos
ahora ya más tranquilos,
¡no me interesan!

Solo el canto del gallo
y el piar de los gorriones,
el sonido de esta lluvia suave
sobre las hojas secas,
mi respirar sosegado,
la visión de los árboles multicolores del otoño,
y las montañas,
al fondo las montañas.

Se me cansan los ojos, los cierro.
Le dejo hacer, hacerme.
Al abrirlos, me parece notar
que unos árboles distantes
se mueven con mi respiración.
¿Podrán notarla?

Yo una vez los sentí a ellos:
sentí sus hojas acariciadas por el viento,
sentí el sol sobre sus ramas,
sentí todo lo que alcanzaba mi vista.
Sentí paz y amor;
nada me separaba,
todo era yo.

Es el recuerdo
de la gran esperanza.

Y ahora respiro el valle de robles mojados
que exhalan oxígeno,
y eso es Amor.
Los pensamientos se calman,
las sensaciones se hacen más nítidas,
y las granadas más rojas,
y las higueras secas y mi gallina.
Sí, siempre aparece mi gallina,
feliz, oronda, rechoncha,
coloradita.

La gallina te avisa

Ya sé a quién me recuerda la gallina
y por qué aparece siempre.
Jamás había yo visto
un bicho tan insistente.
Te descuidas un instante
y ahí está para avisarte
de cómo se cuela
cuando menos se la espera.

Como tu mente pensante,
que analiza y disecciona,
que te separa y te envuelve
y, en menos de un periquete,
se camufla de consciente.

¡Qué utilidad la gallina!,
que despierta al inconsciente
que, atontado, se creía
que ya todo lo tenía.

Y HABLANDO DE ANIMALES

Con el rebaño de cabras
ayer tuve yo un percance,
que me regaló un instante
de unidad con la cabrera.

Acabo de ver un gato,
¿quién será este personaje?
Esperaremos un rato
y el solo traerá el mensaje.

¿Y cómo no hablar de mi gato?
Su ronroneo vibrante,
su pelo suave,
sus patitas acolchadas,
su hocico negro con forma de corazón,
su peso, su calor confiado en mi regazo…
¡Todo un regalo de Dios
que llena de ternura mi corazón!

KINTSUGI

En la soledad
a la que te lleva el dolor
está el silencio;
ruidoso, apabullante, desconcertante
y, al fin, silencioso.
Ese amigo que te coge y te acuna
cuando estás deshecho.

Pieza a pieza te reconstruye,
te recoloca, pega los pedazos
y sopla aire dorado sobre ti,
el aliento que perdiste
por las grietas del sufrimiento.

Sale la luz por tus fisuras
y ahora brillas.

No es el dolor ni la soledad,
sino el silencio quien te transforma.

NADA SE PIERDE

Todo viene y se va y vuelve
en la danza de la vida.
Cambian los trajes y el decorado,
cambian los músicos y los actores,
cambia el teatro…
Lo que no cambia,
lo único que permanece, es la esencia:
son de la vida,
canción eterna que nos mece, que nos sostiene,
que nos alumbra y que nunca muere.
Canta la vida su canto cíclico.
Canta la vida con voz cambiante,
con ritmo claro, con armonía…
¡Canta la vida!
Y entre las notas van los silencios
que van bordando un manto eterno.

MÁS ALLÁ

Más allá de la belleza material:
de la puesta de sol,
de la sonrisa del niño,
de la flor y la catedral…
Más allá.

Más allá del gesto fraternal:
del consuelo, la bondad,
la compasión, la entrega
la caridad…
Más allá.

Más allá del número exacto,
de la lógica,
la potencia,
el fractal…
Más allá.

Más allá de la justicia,
de la elocuencia
de la elegancia
de la equidad,
incluso, más allá de la verdad.

Más allá, el AMOR
podremos encontrar:
el que todo lo abarca,
porque todo lo Es,
el que siempre está presente,
porque infinito es.
De su mano nos ha de transportar
a la dicha de la Unidad,
de la que todo surge
y a la que todo va.

MIRADA DESDE EL SILENCIO

No soy nadie
y no importa.
Vengo a traerte mi poesía;
no para hablarte de mí,
sino de la fuente que me inspira.

Me inspira el robledal,
una fuente de piedra,
un rayo de sol
entre las hojas marchitas,
el sonido de los cencerros de las cabras
y su pastora sencilla,
el canto de los gorriones
y una pequeña gallina.

Todo lo que hace unos días
nada me decía,
pero tras este silencio veo
lo que antes no veía.

Alguien me ha mirado a mí
y ha cambiado mi vista
De igual forma miro yo
a su pequeña hierba que brilla,
a esa rosa de octubre
que todavía sigue viva,
a esa piedra tatuada
con líquenes de fantasía,
a este cielo, a esta tarde
y hasta las hojas caídas…
¡Todo se ha vuelto hermoso
a tu paso por mi vida!

Camino de vuelta a casa

El camino sin camino
que nos lleva a ningún sitio,
pues nos pone dónde estamos,
que nos fuimos.
Sin pasos ni zancadas,
sin bordes ni destinos,
no hay millas ni distancias
en este mi camino.
Y estoy de vuelta en casa,
cuando sé
que no me he ido.

Viaje a lo desconocido

Me gustaba viajar por este mundo,
conocer lugares exóticos y distantes,
donde los sentidos revivían un sueño,
una explosión que entraba en mi cabeza
y me transportaba.
Mercados de especias
con montañas de olores y colores.
Templos de mármol blanco
en un frondoso bosque, tupido en verdes.
Cánticos en el aire llaman al rezo.
Tardes sosegadas sobre una lancha
que hunde sus remos en aguas mansas.
Colores en el cielo al morir la tarde
y el canto suave del remero
en una lengua extraña
que yo no entiendo,
pero habla de nostalgias
de un mundo nuevo.

Y todo me sugiere paz y sosiego,
es eso lo que yo busco
y no siempre encuentro.

¿Qué es lo que me llama?
¿Qué es lo que presiento?

Ya me he dado cuenta de que,
por muy bello,
no es eso lo que llena
mis sentimientos;
no es eso lo que calma
mi gran anhelo.

Hoy no siento el deseo
de irme tan lejos.
Hoy emprendo el viaje
que va hacia adentro.

IV

Nada me ata
Me sumerjo en las olas
mar transparente.

Hoy no siento el deseo
de irme tan lejos.
Hoy emprendo el viaje
que va hacia adentro.

ME SUMERJO

Me sumerjo en aguas desconocidas
que, aun estando muy cerca,
no las veía.

Hoy me siento más libre,
ya no me atan
los temores absurdos,
las creencias cercanas,
lo que piensen los otros,
mis esquemas y mapas.

Hoy camino por sendas desconocidas
que no han hecho los hombres,
son solo mías.

Hoy descanso en la hierba
cuando la encuentro,
bajo el árbol frondoso
que antes no viera,
pues un bosque de dudas,
miedos y esquemas
me impedían verlo, aunque estuviera.

Hoy le canto a la vida
otros sonidos
que antes no oyera.

Hoy, es todo nuevo
sobre la tierra.

«HUMILDAD ES ANDAR EN VERDAD»[4]

Y un día descubres
que nada es cierto:
ni lo que pensabas,
ni lo que creías
ni lo que veías…
ni lo que sentías,
Ni siquiera es cierto
lo que recordabas.
Y te sientes aliviada y ligera,
ya sin peso
puedes subir la cuesta.

Al mismo tiempo,
te ves indefensa y pequeña,
te sientes como en el aire
y te asustas.

---

[4]   Cita de Santa Teresa. *Las moradas.* Moradas sextas, 10, 8

Pero descubres en ese vacío
que hay algo más,
algo nuevo puedes vislumbrar.
Recuerdas que un día escuchaste:
«Es necesario morir.
Vaciarse.
Soltar la mentira
para encontrar la Verdad».

DE VUELTA A CASA

Vuelvo a casa y su calor
me reconforta, me anima,
y el maullar de mi gato
dulcemente me acaricia.
Mis orquídeas silenciosas
me mandan una sonrisa,
y el sonido de este mar
me devuelve a este momento
sencillo y mágico de la Vida,
que se esconde en la belleza,
que me devuelve la dicha,
que se manifiesta en paz,
que hace brotar la alegría…

Te recuerda una vez más
que solo desde «tu casa»
has de enfrentarte a la vida,
que no salgas de tu centro
ni te pierdas en la mentira,
que las luces de neón
solo son eso: ficticias,
aunque brillen en la noche,
¡ni se perciben al día!

NOCHE DE SAN JUAN

Se enreda la espuma de las olas
en mis tobillos
cuando camino al ocaso,
y el sol se esconde en el horizonte
dejando sueños de colores,
tiñendo nubes,
bordando fantasías en la tarde.
El día más largo también termina,
bajo el manto de la noche protectora
que avanza sobre una tierra
resplandeciente en llamas.
Hogueras que iluminan la oscuridad
y alargan las sombras hasta el nuevo día.
Hogueras que queman recuerdos viejos,
caducos, de una vida que se renueva.
Hogueras que purifican la materia
y se elevan con el aire
en chispas resplandecientes,
emulando al Espíritu invisible
que nos alienta y nos da vida.

La noche se estremece entre las llamas
que anuncian un nuevo comenzar,
un nuevo día,
un ciclo más en esta rueda de la vida
que nos lleva, imperceptible, hacia el destino
que a todos nos susurra en lo escondido,
que tiembla sobre el aire,
como la luz de las llamas,
y nos insta a mirar y ver
de otra manera.

AMANECE

Revolotean los gorriones
de una a otra rama,
y el sol se refleja
en las hojas de los chopos
en la claridad de la mañana.

Es la magia de la Vida
que lo envuelve todo, lo ilumina.

Es el Amor,
que en cada instante está presente,
que nos envuelve, nos rodea,
nos habita y sosiega.

¡Una ventana abierta
de par en par
a la Vida!

En cada paso está el destino

Piso tierra sagrada
y me descalzo.
Lavo mis pies y comienzo a caminar
por un paisaje nuevo, desconocido.
Mi corazón palpita excitado.
Poso mis pies descalzos sobre la tierra
y doy los primeros pasos.
Camino torpemente,
pero con reverencia.

«¿Qué quieres?»,
pregunto hacia adentro
sin mover los labios.

«Es tiempo de sanar el pasado;
de dejar lo superfluo
y conectar con la esencia.
Es tiempo de iluminar tus pasos.
NO TEMAS.

Es tiempo de caminar descalzo
sobre el frío hielo,
sobre el rescoldo de brasas,
sobre las nubes,
sobre las aguas bravas.
NO TEMAS.

No es el momento
de oponer resistencia.
Lava tu mente,
deja que entre este soplo de luz
por los rincones.
Para.
Respira.
Deja.
Permite que suceda.
No lo frenes.
Respira.
No has llegado hasta aquí
para rendirte.
Camina.
NO TEMAS».

En este mundo traidor nada es verdad ni mentira,
todo es según el color del cristal con que se mira.
RAMÓN DE CAMPOAMOR

MIRA

Quítate esas gafas negras y mira,
mira con otra mirada,
mirada que reconoce
la belleza de la vida,
la cordura en la locura,
el amor en lo que mira;
la que flota como el loto
movida por la brisa
y florece
sobre el agua sucia,
felizmente agradecida.

Cada día, un nuevo día

Hoy lamen la orilla dulcemente
alegres crestas blancas
que se acercan y se alejan,
se acercan y se alejan
en un murmullo suave
que acuna mis oídos.
Se acercan y se alejan
y se paran en un silencio eterno
que subyace y sustenta.

El sol
ya calienta con sus brazos la mañana
y acaricia mi piel,
que se despierta al nuevo día.
Alegres juegan los vencejos sobre mi cabeza
y cantan mientras vuelan.

Me rodea la belleza,
me envuelve, me acaricia y me susurra
con risas de primavera,
y revuelve mis cabellos
con los dedos de la brisa.
La vida,
nuevamente,
se despliega ante mi vista.

En la quietud de la noche

Se ha colado la luna
por mi ventana.
Brillos de plata.
Brillos de plata y sueños
sobre las aguas.
Cuando sale la luna,
la noche canta,
canta y baila la noche,
que no es oscura.
A la luz de la luna
tiembla mi alma,
al igual que su brillo
sobre las aguas.
Solo escucho el sonido
del mar en calma.
Se abre mi corazón,
me siento en casa.

¡Entra, luna,
y haz este instante eterno,
prende la llama!

En el jardín nos movemos, no contra,
sino con las inhalaciones y las exhalaciones
de una más vasta naturaleza salvaje…
nos convertimos en algo análogo a lo salvaje cíclico.
CLARISSA PÍNKOLA

EN EL JARDÍN

Y comprendemos:
somos el jardín
y cada flor,
el viento, el agua y el sol,
la tierra que lo sustenta,
la mariquita, el colibrí, el ruiseñor.
También somos las orugas, hormigas y mariposas;
el gato del vecino, el topo,
la avispa con su aguijón.
El olor que deja la hierba mojada.
Y somos una canción:
la de ese jardín escondido
que late en nuestro interior.

Edelweiss

Flores blancas
del Monte Perdido
brillan sobre la piedra
como diamantes.
Alivian del cansancio
y te motivan
a seguir caminando
montaña arriba.
Sendero empinado.
Monte perdido.
Frío en el rostro.
Dolor y cansancio,
y el brillo, alba flor,
en los ojos que te han visto.

El milagro de la ternura

Yo, cuando miro a mi gato,
veo a Dios.
Siento una inmensa ternura
que me desborda,
y en mi cara se dibuja
una sonrisa.
Dentro de mí,
florece un instante de silencio,
con pétalos de gratitud y paz.
Es el loto que emerge
de las aguas de la vida
y crece hacia el sol.
Son instantes,
que nos ponen como niños de puntillas,
con los brazos y las manos extendidas,
y rozamos las estrellas
con las yemas de los dedos.
Son momentos infinitos
que nos hablan de algo más
que de humano y animal.

Manual de vuelo

Para volar
hay que soñar
y despertar,
desplegar las alas
y equilibrar,
pero también
hay que soltar.
Ver la mentira, **respirar**
y atreverse a despegar.
Dejar atrás lo que creías,
lo que esperabas…
Dejarlo todo y **aceptar**,
mirar de frente
la realidad y, sobre ella,
extender las alas y **confiar**.
¡Cortar el viento, cruzar el mar,
sobre la tierra sobrevolar!
Y nunca olvides
que no hay que mirar atrás.

VACÍO Y ETERNO

A veces entro en un sueño
en el que el tiempo
desaparece.
Un instante puede ser eterno,
vacío y eterno.
Todo lo demás es nada.

Pero no sé cómo entré
y no sé por qué salí.

FUEGO INTERIOR

No quiero yo avivar
la llama que me hiere,
ya que no está en mi mano
darle alcance.
Con jarros de agua fría
muchas veces la sofoco,
y otras intento hacerme el loco.
Me autoengaño y pienso que no existe
cuando sé que, en el fondo, es lo que añoro.
pues sin ella la vida pierde luz, color, olor, sabor…
lo pierde todo.

El caballo salvaje
se desboca en mi pecho,
mas no me deja acercarme.
¡Es hermoso!
No sé cómo atraparle.

A veces viene y calma y sana y mece,
y yo me siento plena, restaurada,
mas si pretendo aproximarme,
no hallo nada más que nada,
y es frustrante.

Y así, tan cerca y lejos,
me acompaña
por años de mi vida,
diferentes escenarios
y paisajes.
No sé si yo lo llevo o él me guía,
no sé qué es lo que pasa;
no sé nada,
y me pregunto:
¿Acaso es necesario comprenderlo,
o tal vez…
tan solo consiste en contemplarlo?
Mas siempre quiero atrapar
y así lo pierdo.
No sé cómo tratarlo.

A ratos es ausencia
o es nostalgia,
de esos otros ratos
en que me rapta.

Me dijo un día mi hija:
«¡Es increíble tu capacidad de ver la belleza».

LA BELLEZA

Y es que tengo un ojo enamorado
de lo eterno, que se esconde
en lo efímero de esta vida.
Sí, se esconde pero brilla,
y sin pretenderlo,
lanza gritos de alegría,
pues es el gozo su esencia
y la belleza es su dicha.
Nos habla de la verdad
que se esconde a simple vista.
Da al corazón ardiente
un bálsamo de esperanza,
un manto para la lluvia
y un constante despertar
que se esconde en la sonrisa,
en la gratitud callada,
el respirar sosegado…
que te devuelve la paz,
te hace sentir la alegría
y te conduce a tu centro,
que es la llave de la Vida.

MÁS ALLÁ DEL HORIZONTE[5]

Estar en el camino hacia uno mismo,
no al borde viendo la vida pasar.
Mirar cual águila
más allá del horizonte.
No hay límite, no hay final.
Atravesar la puerta,
el velo del dolor, del miedo,
del silencio y la soledad,
y atreverse a mirar.
Mirar con amor la oscuridad.
Diluirse en el espacio que uno es en realidad,
en el hueco, en el vacío
que todo lo impregna y mirar.
Sí, encontrar esa mirada
acogedora, inocente y tierna,
que disuelve y sana,
que te devuelve a la auténtica realidad.

Andar el camino infinito
y ver la flor de loto azul
sobre el agua sucia brillar.

---

[5] De la obra *Latidos al viento.*

CICLOS

Vuelve la mirada dulce
de otros tiempos suaves.
Vuelve la caricia tierna
de la vida amable.
Vuelve la canción callada
de mi tierra interna,
la frescura pura
de mi alma joven,
la inocencia clara
y la luz que irradia,
vuelven.

Vuelve enamorada
de la vida plena
y sus ojos cantan,
su sonrisa besa,
su mirada abraza,
y en sus suaves manos
la esperanza emana.
Ha llegado el día
y, con él, la calma.

DISFRUTAR DEL CAMINO

Disfrutar del camino,
de cada respiración,
de cada sonrisa,
de una meditación
con las amigas,
de agradecer la belleza de la vida
que se esconde en cada esquina,
que se muestra y te hace un guiño
cuando paras y la miras,
que te lleva al presente,
el eterno instante que es la vida,
donde el tiempo se disuelve, se evapora
y te muestra su mentira;
donde todos somos Uno,
donde la Verdad te mira,
en el que podemos sumergirnos
y recargar siempre «las pilas».

HÁGASE LA LUZ[6]

Cierro mis ojos.
Respiro y avivo la llama,
fuelle del tatara[7].

¡Entra, Luz,
entra hasta el último
rincón de mi alma!
Entra e ilumina,
limpia y purifica,
entra, sana y reaviva.

¡Oh, Luz eterna
que me constituyes,
me edificas,
en la que me reconozco Viva!

Entra, Luz, entra,
que nada detenga tu paso,
que nada se oponga a esta flecha
que atraviesa el corazón.

---

[6] Génesis 1.
[7] Horno especial donde se forjaban las katanas.

Entra y prende la llama
sobre el rescoldo que a duras penas
mantiene mi anhelo encendido.
Entra, toca, suaviza,
dulce brisa que abrasa y acaricia.

¡Hágase!
Vuelvo a mi cuerpo,
vuelvo a mi vida,
pero traigo algo conmigo
que se irradia, que se expande,
que da Vida.

Yo Soy
página en blanco.
Yo Soy
poesía
y, nuevamente,
página en blanco,
y de nuevo
poesía,
y una y otra y otra vez
página en blanco,
y otra y una y otra y otra vez.
Soy poesía.
Me desnudo
y me visto de palabras
que me desnudan.
Vivo,
muero
y, de nuevo, vuelvo a la vida.
Todo y Nada,
página en blanco y poesía,
y todo ello es, ha sido y será
AMOR.

Nuevo

Cada mañana es nueva
y es nuevo cada atardecer,
el canto de cada pájaro, nuevo,
nuevo el plumaje y el vuelo,
el sol, la nube, el cielo
y la luz de este nuevo amanecer.
Nueva es la mirada
que encuentra la belleza.
Nuevo es el camino
que queda por recorrer
en este nuevo mundo
que acaba de nacer.
Hoy estreno un cuerpo nuevo,
nuevos ojos para ver,
nuevas manos que acarician
el aire, el cielo y la piel.
Nuevo este corazón ardiente
que tiembla, goza y se mece,
que sonríe hasta sin querer.
Nuevo este sol que nos dice:
«Te regalo un nuevo día
en el que todo está por hacer».

Caen las tapias

Hoy vuelvo a mi huerto cerrado y pequeño,
«pequeño tan solo si se mira a tierra,
pero ilimitado si se mira al cielo»[8].
Sentada en el porche miro a los almendros,
al nogal y al cedro,
y a los dos cipreses que tocan el cielo.
Vuela mi mirada entre los jilgueros
y las golondrinas sugieren recuerdos
de tiempos lejanos y, a la vez, muy tiernos.
Al atardecer de mi vida evoco silencios
de los que traspasan vacíos y sueños,
riego las petunias que alfombran el suelo,
geranios y lirios, rosales y enebros,
y me entrego al ocaso mirando hacia el cielo.
Ligera de pesos, libre de deseos
dejo que mi alma retome su vuelo
y contenta entrego mi cuerpo a mi huerto.
Huerto ya sin tapias, ni rejas, ni fuera ni dentro,
huerto donde la tierra se une con el cielo
en abrazo eterno.

---

[8]   De «Huerto cerrado», de Pilar de Valderrama Alday.

Y al abrir los ojos,
poso mi mirada sobre un mundo nuevo
y mis pies descalzos sobre un musgo fresco,
y veo…
veo que la vida tan solo fue un sueño,
y mi huerto cerrado,
¡un jardín inmenso!

*Su visión se aclarará solamente
cuando usted pueda mirar en su propio corazón.
Quien mira hacia afuera sueña;
quien mira hacia adentro despierta.*

CARL JUNG

Agradecimientos

Quiero dar especialmente las gracias a Beatriz Silva y a Ana Lechuga por ser mis lectoras cero y por su hermosa aportación en el prólogo y la contraportada de este poemario.

Agradezco enormemente a mi marido, José Escapa, por ayudarme siempre y especialmente, en este caso, con el correo electrónico.

A mis hijos, José María y Aurora, por sus consejos, por estar en mi vida y ser un maravilloso regalo para mí.

Me siento muy agradecida a mis amigas y amigos, que siempre me animan a seguir escribiendo. A Lidia López, que me ayudó con el ordenador, a María José de ExLibric, con quien ha sido muy fácil el trabajo, y a Antonio Gamaza, por sus acuarelas y su paciencia.

Y, cómo no, y no en último lugar, doy gracias a Dios por todo, especialmente por su presencia en mi vida, por el don de su espíritu.

Índice